MEMBENTUK MURID-MURID RADIKAL

Membentuk Murid-Murid Radikal

Buku petunjuk untuk memfasilitasi pembentukan-murid dalam kelompok kecil, gereja-rumah, dan perjalanan misi jangka-pendek, menuju gerakan perintisan-gereja

Oleh Daniel B. Lancaster, Ph.D.

Diterbitkan oleh: T4T Press

Cetakan Pertama, 2011

Hak Cipta Dilindungi Undang-Undang. Dilarang memperbanyak atau mengalihkan sebagian atau seluruh buku ini dalam bentuk atau dengan cara apa pun, entah secara elektronik atau mekanik, termasuk menyalin, merekam atau dengan menggunakan sistem penyimpanan dan pencarian informasi, tanpa izin tertulis dari pengarang, kecuali untuk kutipan singkat dalam suatu resensi.

Hak Cipta 2011 oleh Daniel B. Lancaster

ISBN 978-1-938920-16-5 tercetak

Semua kutipan teks alkitab yang bertanda (LAI-TB), kecuali dinyatakan lain, diambil dari AL-KITAB TERJEMAHAN BARU ® Hak Cipta © 1974, 1994 oleh Lembaga Alkitab Indonesia (LAI). Digunakan atas izin LAI. Hak Cipta Dilindungi Undang-Undang.

Membentuk Murid-Murid Radikal

Kutipan teks alkitab yang bertanda (LAI-BIS) diambil dari ALKITAB KABAR BAIK dalam Bahasa Indonesia Sehari-hari ® (LAI-BIS) Hak Cipta © 1985, 1995 oleh Lembaga Alkitab Indonesia. Hak Cipta Dilindungi Undang-Undang.

Kutipan teks alkitab yang bertanda (KH-FAYH) diambil dari FIRMAN ALLAH YANG HIDUP ® Hak Cipta © 1989 oleh Living Bibles International. Diterbitkan oleh Yayasan Kalam Hidup; Jalan Naripan 67 - Kotak Pos 156 Bandung 40112. Hak Cipta Dilindungi Undang-Undang.

Kutipan alkitab yang bertanda (KIS LAI) diambil dari KITAB SUCI INJIL Hak Cipta © 2000 oleh Lembaga Alkitab Indonesia. Digunakan atas izin.

Perpustakaan Kongres Katalog Dalam Terbitan

Lancaster, Daniel B.

Membentuk Murid-Murid Radikal: Buku petunjuk untuk memfasilitasi pembentukan-murid dalam kelompok kecil, gereja-rumah, dan perjalanan misi jangka-pendek, menuju gerakan perintisan-gereja./Daniel B. Lancaster.

Termasuk referensi kepustakaan.

ISBN 978-1-938920-16-5

1. Follow Jesus Training: Basic Discipleship– United States. I. Title.

Daftar Isi

PELAJARAN

Selamat Datang	5
Berlipat ganda	8
Mengasihi	13
Berdoa	20
Patuh	27
Berjalan	33
Pergilah!	40
Berbagi	46
Menabur	52
Pikul Salib	58

REFERENSI

Pelatihan Para Pelatih	63
Ibadat Sederhana	68
Studi Lebih Lanjut	72

1

Selamat Datang

Acara *Selamat Datang* membuka sesi pelatihan atau seminar dengan memperkenalkan para pelatih dan peserta latih (pembelajar). Pelatih memperkenalkan pembelajar tentang delapan citra Yesus yakni sebagai: *Prajurit, Pencari, Gembala, Penabur, Anak, Yang Kudus, Pelayan, Bendahari*—disertai dengan isyarat tangan. Karena manusia belajar dengan cara mendengar, melihat, dan mengerjakan, Pelatihan Mengikuti Yesus memadukan tiga gaya belajar ini dalam setiap sesi.

Alkitab mengatakan bahwa Roh Kudus adalah pengajar kita; pembelajar didorong untuk mengandalkan Roh Kudus dalam seluruh tahap pelatihan. Sesi ini berakhir dengan membuka sesi "minum teh" supaya ada suasana santai di antara pelatih dan peserta latih, seperti para murid yang merasa senang bersama Yesus.

MEMUJI TUHAN

PEMBUKAAN

Perkenalan Pelatih

Perkenalan Pembelajar

Perkenalan dengan Yesus

DELAPAN CITRA YESUS DALAM ALKITAB

✋Prajurit
Seolah mengacungkan pedang.

✋Pencari
Tengok ke belakang dan ke depan, tangan di atas mata.

✋Gembala
Gerakkan tangan ke arah dada seolah sedang mengumpulkan orang.

✋Penabur
Seolah sedang menabur benih dengan tangan.

✋Anak
Arahkan tangan ke mulut seolah sedang makan.

🖐 Yang Kudus
Katup tangan membentuk pose "sembahyang".

🖐 Pelayan
Seolah memukulkan palu.

🖐 Bendahari
Seolah ambil uang dari saku baju atau dompet.

Bagaimana dengan Tiga Cara Belajar?

Mendengar
🖐 Pasang tangan Anda di sekitar telinga.

🖐 Melihat
Tunjuk ke mata Anda.

🖐 Mengerjakan
Buat gerakan menggulung dengan tangan Anda.

PENUTUP

Kedai Teh Dibuka! ➤

–Luk 7:31-35 – Lalu Yesus berkata lagi: Dengan apa harus Aku bandingkan orang-orang zaman ini? Seperti apakah mereka? Mereka seperti anak-anak yang duduk di pasar; sekelompok berseru kepada yang lain, 'Kami memainkan lagu gembira untuk kalian, tetapi kalian tidak mau menari! Kami menyanyikan lagu perkabungan, dan kalian tidak menangis!" Yohanes Pembaptis datang —ia berpuasa dan tidak minum anggur— dan kalian berkata, 'Ia kemasukan setan!" Anak Manusia datang —Ia makan dan minum— lalu kalian berkata, 'Lihat orang itu! Rakus, pemabuk! Kawan penagih pajak dan kawan orang berdosa." Meskipun begitu, kebijaksanaan Allah terbukti dari semua orang yang menerimanya."(BIS)

2

Berlipat ganda

Berlipat ganda memperkenalkan Yesus sebagai seorang Bendahari: Bendahari ingin supaya ada pemasukan bagus dari penggunaan waktu dan hartanya, dan ingin hidup penuh integritas. Pembelajar memperoleh visi tentang berbuah-limpah dengan mengeksplor 1) Perintah pertama Allah kepada manusia, 2) Perintah terakhir Yesus kepada manusia, 3) Prinsip 222, dan 4) perbedaan antara Laut Galilea dan Laut Mati.

Pelajaran ini berakhir dengan lakon belajar-aktif yang menunjukkan perbedaan "hasil", atau buah, antara *melatih* dan *mengajar* belaka. Pembelajar ditantang untuk melatih orang tentang cara bersyukur, berdoa, belajar firman Allah, dan melayani orang lain. Dengan investasi waktu, harta, dan integritas ini, pembelajar akan mampu mempersembahkan kepada Yesus hadiah terindah ketika berjumpa dengan-Nya di Surga.

MEMUJI TUHAN

BERDOA

BELAJAR

Tinjauan Ulang

Apa Artinya Delapan Citra Yang Membantu Kita Mengikuti Yesus?

Hidup Rohani Kita Ibarat Balon

Yesus itu Seperti Apa?

> – Mat 6:20-21 – *Sebaliknya, kumpulkanlah harta di surga, di mana rayap dan karat tidak merusaknya, dan pencuri tidak datang mencurinya. Karena di mana hartamu, di situ juga hatimu!"*

✋ Seolah mengambil uang dari saku baju atau dompet.

Tiga Hal Apa yang Dilakukan Bendahari?

> –Mat 25:14-28– *Seorang laki-laki hendak berangkat ke tempat yang jauh. Ia memanggil pelayan - pelayannya, lalu mempercayakan hartanya kepada mereka. Yang seorang diberikannya lima talenta, yang seorang lagi dua dan yang seorang lain lagi satu, masing-masing menurut kesanggupannya. Lalu ia berangkat. Segera pergilah hamba yang menerima lima talenta itu. Ia menjalankan uang itu lalu beroleh laba lima talenta. Hamba yang menerima dua talenta itu pun berbuat demikian juga dan berlaba dua talenta. Tetapi hamba yang menerima satu talenta itu pergi dan menggali lubang di dalam tanah lalu menyembunyikan uang tuannya. Lama sesudah itu pulanglah tuan hamba-hamba itu lalu mengadakan perhitungan dengan mereka. Hamba yang menerima lima talenta itu datang, membawa laba lima talenta, dan katanya: Tuan, lima talenta Tuan percayakan kepadaku. lihat, aku telah beroleh laba lima talenta." Lalu kata tuannya itu kepadanya: Baik sekali perbuatanmu itu, hai hambaku yang baik dan setia! Engkau telah setia dalam hal kecil, aku akan memberikan kepadamu tanggung jawab dalam hal yang besar. Masuklah dan turutlah dalam kebahagiaan tuanmu!" Sesudah itu, datanglah hamba yang menerima dua talenta itu. Katanya, "Tuan, dua talenta Tuan percayakan kepadaku. Lihat, aku telah beroleh laba*

dua talenta." Lalu kata tuannya itu kepadanya: Baik sekali perbuatanmu itu, hai hambaku yang baik dan setia! Engkau telah setia dalam hal kecil, aku akan memberikan kepadamu tanggung jawab dalam hal yang besar. Masuklah dan turutlah dalam kebahagiaan tuanmu!" Kini datanglah juga hamba yang menerima satu talenta itu dan berkata: Tuan, aku tahu bahwa Tuan Tuan seorang yang keras. Tuan memetik buah di tempat Tuan tidak menanam, dan memungut hasil di tempat Tuan tidak menabur benih. Karena itu, saya takut dan pergi menyembunyikan talenta Tuan itu di dalam tanah. Ini, terimalah kepunyaan Tuan." Tuannya itu menjawab, "Hai kamu, hamba yang jahat dan malas! Jika kamu sudah tahu bahwa aku menuai di tempat aku tidak menabur dan memungut dari tempat aku tidak menanam, seharusnya uangku itu kauberikan kepada bankir, supaya pada waktu aku kembali, aku menerimanya serta dengan bunganya. Sebab itu, ambillah talenta itu dari dia dan berikanlah kepada orang yang mempunyai sepuluh talenta itu." (TB)

1. _____

2. _____

3. _____

Apa Perintah Pertama Allah kepada Manusia?

–Kej 1:28– Kemudian diberkati-Nya mereka dengan ucapan "Beranak-cuculah yang banyak, supaya keturunanmu mendiami seluruh muka bumi serta menguasainya. Kamu Kutugaskan mengurus ikan-ikan, burung-burung, dan semua binatang lain yang liar. (TB)

_____

Apa Perintah Terakhir Yesus bagi Manusia?

– Mrk 16:15– Ia berkata kepada mereka, "Pergilah ke seluruh dunia, beritakanlah Injil kepada segala makhluk.

Bagaimana Agar Saya Bisa Berbuah dan Berlipat Ganda?

Apa yang telah engkau dengar dariku di depan banyak saksi, percayakanlah itu kepada orang-orang yang dapat dipercayai, yang juga pandai mengajar orang lain. (TB)

Laut Galilea/Laut Mati

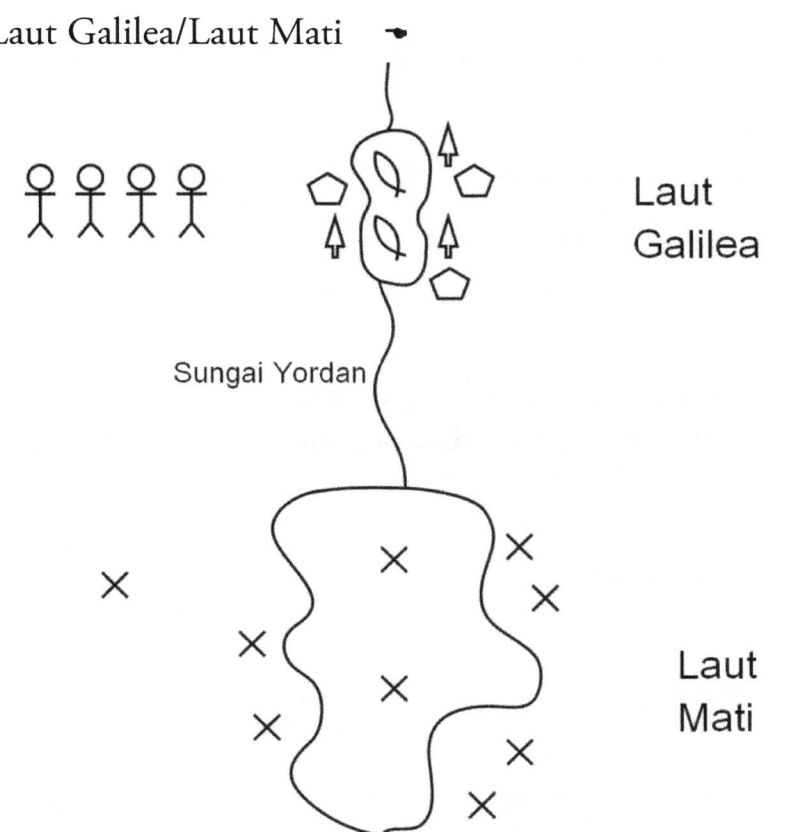

Ayat Hafalan

—Yoh 15:8– Dalam hal inilah Bapa-Ku dimuliakan, yaitu jika kamu berbuah banyak dan dengan demikian kamu adalah murid-murid-Ku."

PRAKTEK

"Murid *termuda* dari tiap pasangan akan menjadi pemimpin."

PENUTUP

Persembahan kepada Yesus

- Memuji Tuhan
  Angkat tangan memuji Tuhan.

- Berdoa
  Katup tangan dalam pose sembahyang.

- Belajar Alkitab
  Hadapkan kedua telapak tangan seolah sedang membaca buku.

- Beritakan tentang Yesus kepada orang lain
  Gerakkan tangan seolah sedang menabur benih.

3

Mengasihi

Mengasihi memperkenalkan Yesus sebagai Gembala: menggembala, menuntun, melindungi, dan memberi makan dombanya. Kita "memberi makan" orang apabila kita mengajari mereka Firman Allah, tetapi hal pertama apa yang seharusnya kita ajarkan tentang Allah? Pembelajar mencari tahu apa perintah yang paling utama, mengidentifikasi siapa yang merupakan sumber kasih, dan menemukan bagaimana caranya menyembah Allah berdasarkan perintah yang paling utama.

Pembelajar mempraktekkan cara memimpin sebuah kelompok-kecil murid dengan empat unsur utama: *memuji Tuhan* (mengasihi Allah dengan sepenuh hati), *berdoa* (mengasihi Allah dengan segenap jiwa), *belajar Alkitab* (mengasihi Allah dengan segenap akal budi), dan *mempraktekkan* suatu keterampilan (sehingga dapat mengasihi Allah dengan seluruh kekuatan kita). Sebuah lakon akhir, "Domba dan Harimau" menunjukkan perlunya adanya banyak kelompok murid di tengah kaum beriman.

MEMUJI TUHAN

BERDOA

1. Bagaimana kita dapat mendoakan orang-orang yang hilang yang Anda tahu akan diselamatkan?

2. Bagaimana kita dapat berdoa bagi kelompok yang sedang Anda latih?

BELAJAR

Tinjauan Ulang

Apa Artinya Delapan Citra Yang Membantu Kita Mengikuti Yesus?

Berlipat ganda

Tiga hal apa yang dilakukan bendahari?

Apa perintah pertama Allah kepada manusia?

Apa perintah terakhir Yesus kepada manusia?

Bagaimana caranya agar saya bisa berbuah dan berlipat ganda?

Apa nama kedua lautan yang ada di Israel?

Mengapa keduanya sangat berbeda?

Anda ingin menjadi seperti laut yang mana?

Yesus itu Seperti Apa?

– Mrk 6:34– Ketika Yesus turun dari perahu, Ia melihat orang banyak. Ia kasihan kepada mereka, sebab mereka seperti domba yang tidak punya gembala. Maka Ia pun mulai mengajarkan banyak hal kepada mereka. (TB)

Gerakkan tangan ke arah dada seolah sedang mengumpulkan orang.

Tiga Hal Apa yang Dilakukan Gembala?

–Mazmur 23:1-7– TUHAN bagaikan seorang gembala bagiku,

aku tidak kekurangan. Ia membaringkan aku di padang rumput yang hijau. Ia membimbing aku menuju air yang tenang. Ia memberi aku kekuatan baru, dan menuntun aku di jalan yang benar, sesuai dengan janji-Nya. Meskipun aku melalui lembah yang gelap, aku tidak takut bahaya, sebab Engkau menemani aku. Engkau melindungi aku seperti seorang gembala melindungi dombanya dengan tongkat dan gada. Engkau menyiapkan pesta bagiku di depan mata lawanku. Engkau menyambut aku sebagai tamu terhormat. Engkau menyuguhi aku minuman lezat berlimpah-limpah. Aku tahu Engkau baik kepadaku, dan selalu mengasihi aku. Maka aku boleh diam di Rumah-Mu, selama hidupku. (TB)

1. _____

2. _____

3. _____

Perintah Apa yang Paling Penting untuk Diajarkan kepada Orang lain?

–Mrk 12:28-31– Lalu datanglah seorang guru agama mendengarkan percakapan antara Yesus dengan orang-orang dari golongan Saduki itu. Guru agama itu melihat bahwa Yesus sudah menjawab orang-orang itu dengan baik. Maka ia bertanya kepada Yesus, "Perintah manakah yang paling penting dari semua perintah?" Yesus menjawab, "Perintah yang pertama, ialah: 'Dengarlah, hai bangsa Israel! Tuhan Allah kita, Tuhan itu esa. Cintailah Tuhan Allahmu dengan sepenuh hatimu, dengan segenap jiwamu, dengan seluruh akalmu dan dengan segala kekuatanmu.' Perintah kedua ialah: 'Cintailah sesamamu, seperti engkau mencintai dirimu sendiri.' Tidak ada lagi perintah lain yang lebih penting dari kedua perintah itu."

1. _____

   ✋Arahkan tangan ke atas ke arah Allah.

2. _____

   ✋Bentangkan tangan ke arah luar ke arah sesama.

Dari Mana Datangnya Kasih?

—1 Yoh 4:7, 8— Saudara-saudaraku yang terkasih, marilah kita saling mengasihi, sebab kasih itu berasal dari Allah; dan setiap orang yang mengasihi, lahir dari Allah dan mengenal Allah. Siapa yang tidak mengasihi, ia tidak mengenal Allah, sebab Allah adalah kasih. (TB)

_____

✋Tadahkan ke atas seolah sedang menerima kasih lalu memberikan kembali kasih itu kepada Allah.

✋Tadahkan ke atas seolah sedang menerima kasih, lalu bentangkan tanganmu keluar seolah ingin memberikannya kepada orang lain.

Apa artinya Ibadat Sederhana?

✋Memuji Tuhan
Angkat tangan memuji Tuhan.

✋Berdoa
Katup tangan dalam pose "sembahyang".

✋Belajar
Hadapkan telapak tangan seolah sedang membaca buku.

✋**Praktek**
Ayunkan tangan ke belakang dan ke depan seolah sedang menabur benih.

Mengapa Kita Harus Beribadat Sederhana?

– Mrk 12:30– Cintailah Tuhan Allahmu dengan sepenuh hatimu, dengan segenap jiwamu, dengan seluruh akalmu dan dengan segala kekuatanmu.'

Kita...	Maka Kita...	Isyarat tangan
Mengasihi Allah dengan sepenuh hati	Memuji Tuhan	✋Letakkan tangan di dada lalu angkat tangan ke atas memuji Tuhan.
Mengasihi Allah dengan segenap jiwa	Berdoa	✋Kepalkan tangan ke samping lalu bentuk pose "tangan berdoa".
Mengasihi Allah dengan segenap akal budi	Belajar	✋Taruh tangan di samping kepala seolah sedang berpikir, lalu buka telapak seolah sedang membaca buku.

Mengasihi Allah dengan seluruh kekuatan	Berbagi Segala Hal Yang Sudah Kita Pelajari (Praktek)	✋Arahkan lengan ke atas, lemaskan otot, lalu lebarkan tangan keluar seolah menebar benih.

PERLU BERAPA ORANG UNTUK IBADAT SEDERHANA?

– Mat 18:20– Sebab di mana dua atau tiga orang berkumpul dalam nama-Ku, di situ Aku ada di tengah-tengah mereka.

Ayat Hafalan

–Yoh 13:34, 35– Oleh sebab itu, sekarang Kuberikan hukum baru kepada kalian: Kasihilah satu sama lain. Sama seperti Aku mengasihi kalian, begitu juga kalian harus saling mengasihi. Kalau kalian saling mengasihi, semua orang akan tahu bahwa kalian pengikut-pengikut-Ku. (TB)

PRAKTEK

"Murid *termuda* dari tiap pasangan akan menjadi pemimpin."

PENUTUP

Ibadat Sederhana

1. Cerita ini mengajarkan apa tentang Allah?

2. Cerita ini mengajarkan apa tentang manusia?

3. Bagaimana cerita ini akan membantu saya mengikuti Yesus?

Mengapa Penting bagi Anda untuk Merintis sebuah Kelompok Murid?

DOMBA DAN HARIMAU

4

Berdoa

Berdoa menghantar pembelajar mengenal Yesus sebagai Yang Kudus. Dia hidup dalam kekudusan dan mati bagi kita di Salib. Allah memerintahkan kita untuk menjadi kudus karena kita mengikuti Yesus. Orang kudus menyembah Allah, hidup dalam kekudusan, dan mendoakan orang lain. Dengan meneladani Yesus dalam doa, kita memuji Allah, memohon ampunan atas dosa kita, memohon pada Allah segala hal yang kita butuhkan, dan tidak menolak apa yang diminta-Nya dari kita untuk kita kerjakan.

Allah menjawab doa-doa kita dalam salah satu dari empat cara: *tidak* (jika kita meminta dengan niat yang salah), *lambat* (jika saatnya tidak tepat), *bertumbuh* (jika kita perlu berkembang menjadi lebih matang sebelum Ia memberi jawaban), atau *ya, pergilah*! (jika kita berdoa sesuai dengan Firman dan Kehendak-Nya). Pembelajar menghafal nomor telepon Allah, 3-3-3, berdasarkan Yeremia 33:3 dan didorong untuk "menelpon" Allah setiap hari.

MEMUJI TUHAN

BERDOA

1. Bagaimana kita dapat mendoakan orang-orang yang hilang yang Anda tahu akan diselamatkan?

2. Bagaimana kita dapat berdoa bagi kelompok yang sedang Anda latih?

BELAJAR

Permainan Telepon ➤

Tinjauan Ulang

Apa Artinya Delapan Citra Yang Membantu Kita Mengikuti Yesus?

Berlipat ganda

Tiga Hal Apa yang Dilakukan Bendahari?

Apa perintah pertama Allah kepada manusia?

Apa perintah terakhir Yesus kepada manusia?

Bagaimana caranya agar saya bisa berbuah dan berlipat ganda?

Apa nama kedua lautan yang ada di Israel?

Mengapa keduanya sangat berbeda?

Anda ingin menjadi seperti laut yang mana?

Mengasihi

Tiga hal apa yang dilakukan gembala?

Perintah apa yang paling penting untuk diajarkan kepada orang lain?

Dari mana datangnya kasih?

Apa artinya Ibadat Sederhana?

Mengapa kita harus Beribadat Sederhana?

Perlu berapa orang untuk Ibadat Sederhana?

Yesus itu Seperti Apa?

–Luk 4:33-35– Di dalam rumah ibadat itu ada seorang yang kerasukan setan. Ia berteriak dengan suara keras,"Hai Engkau, Yesus orang Nazaret, apa urusan-Mu dengan kami? Apakah Engkau datang untuk membinasakan kami? Aku tahu siapa Engkau: Yang Kudus dari Allah!" "Diam!" Yesus membentak dengan keras. "Keluarlah dari dia!" Setan itu pun menghempaskan orang itu ke tengah-tengah orang banyak, lalu keluar dari dia dan sama sekali tidak menyakitinya.

_____

✋ Katup tangan dalam pose "sembahyang".

Tiga Hal Apa yang Dilakukan Orang Kudus?

–Mat 21:12-16– Yesus masuk ke Bait Allah dan mengusir semua orang yang berjual beli di halaman Bait Allah. Ia membalikkan meja-meja penukar uang dan bangku-bangku pedagang merpati. dan berkata kepada mereka, "Ada tertulis: Rumah-Ku akan disebut rumah doa. Tetapi kamu menjadikannya sarang penyamun." Lalu datanglah orang-orang buta dan orang-orang timpang kepada-Nya dalam Bait Allah itu dan mereka disembuhkan-Nya. Tetapi ketika imam-imam kepala dan ahli-ahli Taurat melihat mukjizat-mukjizat yang dibuat-Nya itu dan anak-anak yang berseru dalam Bait Allah, "Hosana bagi Anak Daud!" hati mereka sangat jengkel, lalu mereka berkata kepada-Nya, "Engkau dengar apa yang dikatakan anak-anak ini?" Kata Yesus kepada mereka, "Aku dengar; belum pernahkah kamu baca: Dari mulut anak-anak dan bayi-bayi yang menyusu Engkau telah menyediakan syukur pujian?"

1. _____

2. _____

3. _____

Bagaimana Seharusnya Kita Berdoa?

—Luk 10:21— Pada waktu itu juga bergembiralah Yesus dalam Roh Kudus dan berkata, "Aku bersyukur kepada-Mu, Bapa, Tuhan langit dan bumi, karena semuanya itu Engkau sembunyikan bagi orang bijak dan orang pandai, tetapi Engkau nyatakan kepada orang kecil. Ya Bapa, itulah yang berkenan kepada-Mu. (TB)

1. _____

🖐 Tangan ke atas, menyembah.

—Luk 18:10-14— Ada dua orang pergi ke Bait Allah untuk berdoa; yang seorang adalah Farisi dan yang lain pemungut cukai. Orang Farisi itu berdiri dan berdoa dalam hatinya begini: Ya Allah, aku mengucap syukur kepada-Mu, karena aku tidak sama seperti semua orang lain, bukan perampok, bukan orang lalim, bukan pezina dan bukan juga seperti pemungut cukai ini; Saya bersyukur karena saya tidak seperti penagih pajak itu. Saya berpuasa dua kali seminggu, dan saya mempersembahkan kepada-Mu sepersepuluh dari semua pendapatan saya.' Tetapi penagih pajak itu berdiri jauh-jauh dan malahan tidak berani menengadah ke langit. Sambil mengusap dada ia berkata, 'Ya Allah, kasihanilah saya orang berdosa ini!'" "Percayalah," kata Yesus, "pada waktu pulang ke rumah, penagih pajak itulah yang diterima Allah dan bukan orang Farisi itu. Sebab setiap orang yang meninggikan dirinya akan direndahkan. Tetapi setiap orang yang merendahkan dirinya akan ditinggikan." (BIS)

2. _____

🖐 Telapak tangan ke arah luar menutupi wajah; kepala berpaling.

—Luk 11:9— Jadi, Aku berkata kepadamu: Mintalah, maka kalian akan diberi. Carilah, maka kalian akan mendapat. Ketuklah, maka pintu akan dibukakan untukmu. *(TB)*

3. _____

   ✋Tangan membentuk cawan untuk menerima.

—Luk 22:42— Ya Bapa-Ku, jikalau Engkau berkenan, ambillah cawan ini dari hadapan-Ku; tetapi jangan kehendak-Ku, melainkan kehendak-Mulah yang jadi. *(TB)*

4. _____

   ✋Katup tangan seperti berdoa dan tempatkan di atas dahi, tanda sembah.

Berdoa Bersama

Bagaimana Allah Akan Menjawab Kita?

—Mat 20:20-22— Kemudian datanglah ibu anak-anak Zebedeus serta anak-anaknya itu kepada Yesus. Ia sujud di hadapan-Nya untuk meminta sesuatu kepada-Nya. Kata Yesus, "Apa yang kaukehendaki?" Jawabnya, "Berilah perintah, supaya kedua anakku ini boleh duduk kelak di dalam Kerajaan-Mu, yang seorang di sebelah kanan-Mu dan yang seorang lagi di sebelah kiri-Mu." Tetapi Yesus menjawab, kata-Nya, "Kamu tidak tahu apa yang kamu minta! Dapatkah kamu meminum cawan, yang harus Kuminum?" Kata mereka kepada-Nya, "Kami dapat." *(TB)*

1. _____

   ✋Gelengkan kepala tanda "tidak".

—Yoh 11:11-15— Demikianlah perkataan-Nya, dan sesudah itu Ia berkata kepada mereka, "Lazarus, saudara kita, telah terti-

dur, tetapi Aku pergi ke sana untuk membangunkan dia dari tidurnya." Lalu kata murid-murid itu kepada-Nya, "Tuhan, jikalau ia tertidur, ia akan sembuh." Tetapi sebenarnya Yesus berbicara tentang kematian Lazarus, sedangkan sangka mereka Yesus berkata tentang tertidur dalam arti biasa. Karena itu Yesus berkata dengan terus terang, "Lazarus sudah mati; tetapi Aku bersukacita, Aku tidak hadir pada waktu itu, sebab demikian lebih baik bagimu, supaya kamu dapat percaya. Marilah kita pergi sekarang kepadanya."*

2. _____

   ✋Tangan melambai ke bawah seolah memperlambat laju mobil.

   –Luk 9:51-56– Ketika hampir tiba waktunya Yesus naik ke surga, Ia mengarahkan pandangan-Nya untuk pergi ke Yerusalem. Ia mengirim beberapa utusan mendahului ke suatu desa orang Samaria untuk mempersiapkan segala sesuatu bagi-Nya. Tetapi orang-orang Samaria itu tidak mau menerima Dia di sana. Ketika dua murid-Nya, yaitu Yakobus dan Yohanes, melihat hal itu, mereka berkata, "Tuhan, apakah Engkau mau, supaya kami menyuruh api turun dari langit untuk membinasakan mereka?" Akan tetapi, Ia berpaling dan menegur mereka. Lalu mereka pergi ke desa yang lain. (TB)

3. _____

   ✋Tangan menggambarkan tahap pertumbuhan pohon.

   –Yoh 15:7– Jikalau kamu tinggal di dalam Aku dan firman-Ku tinggal di dalam kamu, mintalah apa saja yang kamu kehendaki, dan kamu akan menerimanya. (TB)

4. _____

   ✋Angguk, tanda "ya" dan gerakkan tangan ke depan, tanda "pergilah".

Ayat Hafalan

—Luk 11:9— Jadi, Aku berkata kepadamu: Mintalah, maka kalian akan diberi. Carilah, maka kalian akan mendapat. Ketuklah, maka pintu akan dibukakan untukmu. (BIS)

PRAKTEK

"Murid yang *lebih pendek* dari tiap pasangan akan menjadi pemimpin."

PENUTUP

Nomor Telepon Allah ➥

—Yer 33:3— Berserulah kepada-Ku maka Aku akan menjawab serta memberitahukan kepadamu rahasia mengenai perkara-perkara besar yang tidak kauketahui dan tidak dapat kaupahami. (FAYH)

Dua Tangan – Sepuluh Jari ➥

5

Patuh

Patuh memperkenalkan pembelajar kepada Yesus sebagai Pelayan yang rendah hati. Pelayan menolong orang; mereka rendah hati, dan patuh kepada tuannya. Dengan cara yang sama seperti Yesus telah melayani dan mengikuti Bapa-Nya, kita pun melayani dan mengikuti Yesus. Sebagai Yang penuh dengan kuasa, Yesus telah memberikan kita empat perintah untuk dipatuhi: *pergilah, jadikan mereka sebagai murid, baptis, dan ajarlah mereka untuk mematuhi segala yang telah diperintahkan-Nya.* Yesus pun berjanji bahwa Ia akan senantiasa menyertai kita. Ketika Yesus memberikan perintah, kita seharusnya patuh setiap saat, langsung bertindak, dan dari hati penuh kasih.

Badai dalam kehidupan melanda setiap orang, tetapi orang bijak melandasi kehidupannya dengan mematuhi perintah Yesus; sebaliknya, orang bodoh tidak. Akhirnya, pembelajar memulai Peta Kisah Para Rasul 29, gambaran tentang ladang tuaian, yang akan mereka sajikan pada akhir Seminar Pemuridan.

MEMUJI TUHAN

BERDOA

1. Bagaimana kita dapat mendoakan orang-orang yang hilang yang Anda tahu akan diselamatkan?

2. Bagaimana kita dapat berdoa bagi kelompok yang sedang Anda latih?

BELAJAR

Bergoyang ala Funky Papua! ➤

Tinjauan Ulang

Apa Artinya Delapan Citra Yang Membantu Kita Mengikuti Yesus?

Berlipat ganda

Tiga hal apa yang dilakukan bendahari?

Apa perintah pertama Allah kepada manusia?

Apa perintah terakhir Yesus kepada manusia?

Bagaimana caranya agar saya bisa berbuah dan berlipat ganda?

Apa nama kedua lautan yang ada di Israel?

Mengapa keduanya sangat berbeda?

Anda ingin menjadi seperti laut yang mana?

Mengasihi

Tiga hal apa yang dilakukan gembala?

Perintah apa yang paling penting untuk diajarkan kepada orang lain?

Dari mana datangnya kasih?

Apa artinya Ibadat Sederhana?

Mengapa kita harus Beribadat Sederhana?

Perlu berapa orang untuk Ibadat Sederhana?

Berdoa

Tiga hal apa yang dilakukan orang kudus?

Bagaimana seharusnya kita berdoa?

Bagaimana Allah akan menjawab kita?

Berapa nomor telepon Allah?

Yesus itu Seperti Apa?

–Mrk 10:45– Karena Anak Manusia juga datang bukan untuk dilayani, melainkan untuk melayani dan untuk memberikan nyawa-Nya menjadi tebusan bagi banyak orang. (TB)

✋Seolah sedang memukulkan palu.

Tiga Hal Apa yang Dilakukan Pelayan?

–Flp 2:5– Hendaklah kamu dalam hidupmu bersama, menaruh pikiran dan perasaan yang terdapat juga dalam Kristus Yesus: yang walaupun dalam rupa Allah, tidak menganggap kesetaraan dengan Allah itu sebagai milik yang harus dipertahankan, melainkan telah mengosongkan diri-Nya sendiri, dan mengambil rupa seorang hamba, dan menjadi sama dengan manusia. Dan dalam keadaan sebagai manusia, Ia telah merendahkan diri-Nya dan taat sampai mati, bahkan sampai mati di kayu salib!

1. _____

2. _____

3. _____

Siapa yang Paling Berkuasa di Dunia?

—Mat 28:18— Yesus mendekati mereka dan berkata, "Kepada-Ku telah diberikan segala kuasa di surga dan di bumi."

_____

Empat Perintah Apa Yang Diberikan Yesus Kepada Setiap Orang Beriman?

—Mat 28:19-20— Karena itu, pergilah, jadikanlah semua bangsa murid-Ku dan baptislah mereka dalam nama Bapa dan Anak dan Roh Kudus, Mat 28:20 dan ajarlah mereka melakukan segala sesuatu yang telah Kuperintahkan kepadamu.

1. _____

   ✋ Gerakkan jari ke depan, tanda "berangkat"

2. _____

   ✋ Gunakan keempat isyarat tangan dari Ibadat Sederhana: Memuji Tuhan, Berdoa, Belajar, dan Praktek.

3. _____

   ✋ Taruh tangan Anda pada salah satu siku; gerakkan siku Anda naik turun seolah seseorang sedang dibaptis.

4. _____

   ✋ Dekatkan tangan seolah sedang membaca buku, lalu gerakkan "buku" ke belakang dan ke depan dan dari kiri ke kanan seolah Anda sedang mengajar.

Bagaimana Seharusnya Kita Taat Pada Yesus?

1. _____

   ✋ Gerakkan tangan kanan dari sisi kiri ke sisi kanan.

2. _____

   ✋ Gerakkan tangan dari atas ke bawah seperti membelah sesuatu.

3. _____

   ✋ Silangkan kedua tangan di dada lalu naikkan ke atas untuk memuji Allah.

Apa Janji Yesus Kepada Tiap Orang Beriman?

—Mat 28:20b— Ketahuilah, Aku menyertai kamu senantiasa sampai akhir zaman."

"Yesus senantiasa menyertai kita. Ia bersama kita di sini, saat ini."

Ayat Hafalan

—Yoh 15:10–Jikalau kamu menuruti perintah-Ku, kamu akan tinggal di dalam kasih-Ku, seperti Aku menuruti perintah Bapa-Ku dan tinggal di dalam kasih-Nya. (TB)

PRAKTEK

"Orang yang *paling tinggi* dari tiap pasangan akan menjadi pemimpin."

PENUTUP

Membangun di Atas Fondasi Sejati ➥

> *– Mat 7:24,25– Nah, orang yang mendengar perkataan-Ku ini, dan menurutinya, sama seperti orang bijak yang membangun rumahnya di atas batu. Hujan turun, air sungai meluap dan angin kencang memukul rumah itu. Tetapi rumah itu tidak roboh, sebab dibangun di atas batu." (BIS)*
>
> *–Mat 7:26-27– Orang yang mendengar perkataan-Ku ini, tetapi tidak menurutinya, ia sama seperti orang bodoh yang membangun rumahnya di atas pasir. Hujan turun, air sungai meluap dan angin kencang memukul rumah itu. Akhirnya, rumah itu roboh dan rusak sama sekali!" (BIS)*

Peta Kisah Para Rasul 29 – Bagian 1 ➥

6

Berjalan

Berjalan memperkenalkan pembelajar kepada Yesus sebagai Anak: seorang anak (lelaki/perempuan) menghormati ayahnya, menginginkan kebersamaan, dan ingin agar keluarganya sukses. Bapa menyebut Yesus sebagai "yang Ku-kasihi" dan Roh Kudus turun ke atas Yesus saat dibaptis. Yesus berhasil dalam tugas perutusan-Nya karena Ia bergantung pada kuasa Roh Kudus.

Demikian pula, kita harus mengandalkan kuasa Roh Kudus dalam hidup kita. Ada empat perintah yang harus kita lakukan berkenaan dengan Roh Kudus: *berjalan bersama Roh Kudus, tidak mendukakan Roh Kudus, dipenuhi dengan Roh Kudus, dan tidak memadamkan Roh Kudus*. Yesus sedang bersama kita saat ini dan ingin membantu kita bahkan seperti Ia membantu orang ketika dalam perjalanan ke Galilea. Kita bisa meminta Yesus jika kita butuh kesembuhan dari sesuatu yang menghalangi kita mengikuti Yesus.

MEMUJI TUHAN

BERDOA

1. Bagaimana kita dapat mendoakan orang-orang yang hilang yang Anda tahu akan diselamatkan?

2. Bagaimana kita dapat berdoa bagi kelompok yang sedang Anda latih?

BELAJAR

Kehabisan Bensin ➙

Tinjauan Ulang

    Apa Artinya Delapan Citra Yang Membantu Kita Mengikuti Yesus?

Berlipat ganda

    Tiga Hal Apa yang Dilakukan Bendahari?

    Apa perintah pertama Allah kepada manusia?

    Apa perintah terakhir Yesus kepada manusia?

    Bagaimana caranya agar saya bisa berbuah dan berlipat ganda?

    Apa nama kedua lautan yang ada di Israel?

    Mengapa keduanya sangat berbeda?

    Anda ingin menjadi seperti laut yang mana?

Mengasihi

    Tiga hal apa yang dilakukan gembala?

    Perintah apa yang paling penting untuk diajarkan kepada orang lain?

    Dari mana datangnya kasih?

    Apa artinya Ibadat Sederhana?

    Mengapa kita harus Beribadat Sederhana?

    Perlu berapa orang untuk Ibadat Sederhana?

Berdoa

Tiga hal apa yang dilakukan orang kudus?

Bagaimana seharusnya kita berdoa?

Bagaimana Allah akan menjawab kita?

Berapa nomor telepon Allah?

Patuh

Tiga hal apa yang dilakukan pelayan?

Siapa yang memiliki kuasa paling tinggi?

Empat perintah apa yang diberikan Yesus kepada setiap orang beriman?

Bagaimana seharusnya kita patuh pada Yesus?

Apa yang dijanjikan Yesus bagi kita?

Yesus itu Seperti Apa?

–Mat 3:16-17– Segera setelah Yesus dibaptis dan keluar dari air, langit terbuka dan Yohanes melihat Roh Allah turun ke atas-Nya dalam rupa seekor burung merpati. Dan suatu suara dari langit mengatakan, "Inilah Anak-Ku yang Kukasihi, dan Aku sangat berkenan akan Dia."! (FAYH)

☝ Arahkan tangan ke mulut seolah sedang makan. Anak-anak lelaki biasanya banyak makan!

Tiga Hal Apa yang Dilakukan Anak?

Yoh 17:4, 18-21 (Yesus berkata...) Aku telah memuliakan Engkau di bumi dengan menyelesaikan pekerjaan yang Engkau berikan kepada-Ku untuk Kulakukan. Sama seperti Engkau telah mengutus Aku ke dalam dunia, demikian pula Aku telah mengutus mereka ke dalam dunia. Dan Aku menguduskan diri-Ku bagi mereka, supaya mereka pun dikuduskan dalam kebenaran. Bukan untuk mereka ini saja Aku berdoa, tetapi juga untuk orang-orang, yang percaya kepada-Ku melalui pemberitaan mereka. Aku mohon, Bapa, supaya mereka semua menjadi satu, seperti Bapa bersatu dengan Aku, dan Aku dengan Bapa. Semoga mereka menjadi satu dengan Kita supaya dunia percaya bahwa Bapa yang mengutus Aku.(BIS)

1. _____
2. _____
3. _____

Mengapa Pelayanan Yesus Berhasil?

–Luk 4:14– Dalam kuasa Roh kembalilah Yesus ke Galilea. Lalu tersebarlah kabar tentang Dia di seluruh daerah itu. (TB)

_____

Yesus Menjanjikan Apa Kepada Orang Beriman Tentang Roh Kudus Sebelum Penyaliban?

–Yoh 14:16-81– Aku akan minta kepada Bapa, dan Ia akan memberikan kepadamu seorang Penolong yang lain, supaya Ia menyertai kamu selama-lamanya, yaitu Roh Kebenaran. Dunia tidak dapat menerima Dia, sebab dunia tidak melihat Dia dan tidak mengenal Dia. Tetapi kamu mengenal Dia, sebab Ia menyertai kamu dan akan diam di dalam kamu. Aku tidak akan

meninggalkan kamu sebagai yatim piatu. Aku datang kembali kepadamu.

1. _____

2. _____

3. _____

4. _____

Yesus Menjanjikan Apa Kepada Orang Beriman Tentang Roh Kudus Sesudah Kebangkitan-Nya?

– Kis 1:8– Tetapi kamu akan menerima kuasa bilamana Roh Kudus turun ke atas kamu. Dan kamu akan menjadi saksi-saksi-Ku di Yerusalem dan di seluruh Yudea dan Samaria dan sampai ke ujung bumi." (TB)

_____

Empat Perintah Apa yang Harus Dipatuhi Menyangkut Roh Kudus?

–Gal 5:16– Maksud saya begini: Biarlah Roh Allah membimbing kalian dan janganlah hidup menurut keinginan tabiat manusia. (BIS)

1. _____

✋ "Jalankan" jemari kedua tangan Anda.

–Ef 4:30– Dan janganlah kamu mendukakan Roh Kudus Allah, yang telah memeteraikan kamu menjelang hari penyelamatan. (TB)

2. _____

   ✋Usap mata Anda seperti sedang menangis lalu gelengkan kepala, tanda 'tidak'

   —Ef 5:18– Janganlah kalian mabuk oleh anggur, sebab itu akan merusakkan kalian. Sebaliknya, hendaklah kalian dikuasai oleh Roh Allah…(BIS)

3. _____

   ✋Buatlah gerakan 'mengalir' dengan kedua tangan, dari kaki hingga atas kepala Anda.

   —1 Tes 5:19– Janganlah memadamkan Roh Kudus.

4. _____

   ✋Arahkan jari telunjuk ke atas seperti lilin. Bertindaklah seolah sedang mencoba memadamkannya. Gelengkan kepala tanda "tidak".

Ayat Hafalan

—Yoh 7:38– Siapa saja yang percaya kepada-Ku, dari dalam hatinya akan mengalir banyak air yang memberi hidup." Karena Kitab Suci mengatakan bahwa sungai-sungai air hidup akan mengalir dari dalam diri siapa saja yang percaya kepada-Ku." (TB)

PRAKTEK

"Orang yang *rumahnya paling jauh dari tempat pelatihan* akan berperan sebagai pemimpin."

PENUTUP

Yesus Ada Di Sini

–Ibr 13:8– Yesus Kristus tetap sama! Baik kemarin, hari ini dan sampai selama-lamanya. (BIS)

–Mat 15:30-31– Kemudian orang banyak berbondong-bondong datang kepada-Nya membawa orang lumpuh, orang buta, orang timpang, orang bisu dan banyak lagi yang lain, lalu meletakkan mereka pada kaki Yesus dan Ia menyembuhkan mereka semuanya. Orang banyak itu pun takjub melihat orang bisu berkata-kata, orang timpang sembuh, orang lumpuh berjalan, orang buta melihat, dan mereka memuliakan Allah Israel. (TB)

–Yoh 10:10– Pencuri datang hanya untuk mencuri, untuk membunuh dan untuk merusak. Tetapi Aku datang supaya manusia mendapat hidup —hidup berlimpah-limpah.

7

Pergilah

Pergilah memperkenalkan Yesus sebagai Pencari. Pencari menelusuri tempat-tempat baru, mencari orang-orang hilang, dan kesempatan baru. Bagaimana Yesus memutuskan ke tempat mana Ia akan pergi dan melayani? Ia tidak melakukannya sendiri; Ia mencari tahu di mana Allah sedang berkarya; Ia bergabung dengan Allah; dan Ia tahu bahwa Allah mengasihi-Nya dan akan menunjukkan kepada-Nya. Bagaimana seharusnya kita memutuskan ke mana kita akan melayani?—dengan cara yang sama seperti dilakukan Yesus.

Di mana Allah sedang berkarya? Dia berkarya di antara kaum miskin, para tawanan, orang sakit, dan tertindas. Tempat lain di mana Allah sedang berkarya adalah keluarga kita. DIA ingin menyelamatkan seluruh keluarga kita. Pembelajar memetakan pelbagai orang dan lokasi, tempat Allah sedang berkarya, pada gambar Peta Kisah Para Rasul 29.

MEMUJI TUHAN

BERDOA

1. Bagaimana kita dapat mendoakan orang-orang yang hilang yang Anda tahu akan diselamatkan?

2. Bagaimana kita dapat berdoa bagi kelompok yang sedang Anda latih?

BELAJAR

Tinjauan Ulang

Apa Artinya Delapan Citra Yang Membantu Kita Mengikuti Yesus?

Mengasihi

Tiga hal apa yang dilakukan gembala?

Perintah apa yang paling penting untuk diajarkan kepada orang lain?

Dari mana datangnya kasih?

Apa artinya Ibadat Sederhana?

Mengapa kita harus Beribadat Sederhana?

Perlu berapa orang untuk Ibadat Sederhana?

Berdoa

Tiga hal apa yang dilakukan orang kudus?

Bagaimana seharusnya kita berdoa?

Bagaimana Allah akan menjawab kita?

Berapa nomor telepon Allah?

Patuh

Tiga hal apa yang dilakukan pelayan?

Siapa yang memiliki kuasa paling tinggi?

Empat perintah apa yang diberikan Yesus kepada setiap orang beriman?

Bagaimana seharusnya kita patuh pada Yesus?

Empat perintah apa yang diberikan Yesus kepada setiap orang beriman?

Berjalan

Tiga hal apa yang dilakukan anak?

Dari mana asal kekuatan dalam pelayanan Yesus?

Yesus menjanjikan apa kepada orang beriman tentang Roh Kudus sebelum penyaliban?

Yesus menjanjikan apa kepada orang beriman tentang Roh Kudus sesudah kebangkitan-Nya?

Empat perintah apa yang harus dipatuhi menyangkut Roh Kudus?

Yesus itu Seperti Apa?

–Luk 19:10– Sebab Anak Manusia datang untuk mencari dan menyelamatkan yang hilang." (TB)

✋ Tengok ke belakang dan ke depan dengan tangan di atas mata.

Tiga Hal Apa yang Dilakukan Pencari?

–Mrk 1:37, 38– Ketika mereka menemukan-Nya, mereka berkata kepada-Nya: "Semua orang mencari Engkau!" Jawab-Nya, "Marilah kita pergi ke tempat lain, ke kota-kota sekitar ini, supaya di sana juga Aku memberitakan Injil, karena untuk itu Aku telah datang."

1. _____

2. _____

3. _____

Bagaimana Yesus Memutuskan Ke mana Ia Akan Melayani?

—Yoh 5:19, 20– Lalu Yesus menjawab mereka, "Sesungguhnya Aku berkata kepadamu, Anak tidak dapat mengerjakan sesuatu dari diri-Nya sendiri, jikalau Ia tidak melihat Bapa mengerjakannya; sebab apa yang dikerjakan Bapa, itu juga yang dikerjakan Anak. Sebab Bapa mengasihi Anak dan Ia menunjukkan kepada-Nya segala sesuatu yang dikerjakan-Nya sendiri, bahkan Ia akan menunjukkan kepada-Nya pekerjaan-pekerjaan yang lebih besar lagi daripada pekerjaan-pekerjaan itu, sehingga kamu menjadi heran.

1. _____

   ✋Letakkan satu tangan di dada dan gelengkan kepala, 'tidak'.

2. _____

   ✋Letakkan satu tangan di atas mata; tengok kiri-kanan.

3. _____

   ✋Unjuk tangan ke suatu tempat di depan Anda dan anggukkan kepala, ya.

4. _____

   ✋Angkat kedua tangan ke atas membentuk syukur pujian lalu silangkan di dada.

Bagaimana Seharusnya Kita Putuskan Ke Mana Kita Akan Melayani?

–1 Yoh 2:5, 6– Tetapi orang yang taat kepada perkataan Allah, orang itu mengasihi Allah dengan sempurna. Itulah tandanya bahwa kita hidup bersatu dengan Allah. Barangsiapa berkata bahwa ia hidup bersatu dengan Allah, ia harus hidup mengikuti jejak Kristus. (TB)

Bagaimana Kita Bisa Tahu Kalau Allah sedang Berkarya?

–Yoh 6:44– Tidak ada seorang pun yang dapat datang kepada-Ku, jikalau ia tidak ditarik oleh Bapa yang mengutus Aku, dan ia akan Kubangkitkan pada akhir zaman.

Where is Jesus Working?

–Luk 4:18-19– Roh Tuhan ada pada-Ku, oleh sebab Ia telah mengurapi Aku, untuk menyampaikan kabar baik kepada orang-orang miskin; dan Ia telah mengutus Aku untuk memberitakan pembebasan kepada orang-orang tawanan, dan penglihatan bagi orang-orang buta, untuk membebaskan orang-orang yang tertindas, untuk memberitakan tahun rahmat Tuhan telah datang." (BIS)

1. _____
2. _____
3. _____
4. _____

Di Tempat Lain Mana Yesus sedang Berkarya?

Orang Yang Kerasukan Roh Jahat—Markus 5

Kornelius—Kis 10

Kepala Penjara di Filipi—Kisah Para Rasul 16

Ayat Hafalan

—Yoh 12:26— Siapa saja yang melayani Aku, ia harus mengikuti Aku dan di mana Aku berada, di situ pun pelayan-Ku akan berada. Siapa saja yang melayani Aku, ia akan dihormati Bapa.(TB)

PRAKTEK

"Orang yang *punya adik/kakak paling banyak* di antara pasangan berperan sebagai pemimpin."

PENUTUP

PETA KISAH PARA RASUL 29 – BAGIAN 2 ➤

8

Berbagi

Berbagi memperkenalkan Yesus sebagai Prajurit. Prajurit melawan musuh, tahan terhadap keadaan sulit, dan membebaskan tawanan. "Yesus adalah Prajurit; apabila mengikuti Dia, kita akan menjadi prajurit pula.

Begitu kita bersatu dengan Allah di tempat-Nya berkarya, kita mengalami peperangan rohani. Bagaimana orang beriman mengalahkan setan? Kita mengalahkan setan dengan kematian Yesus di Salib, berbagi kesaksian kita, dan tidak takut mati demi iman kita.

Yang termasuk kesaksian yang berpengaruh antara lain berbagi cerita tentang kehidupan saya sebelum bertemu dengan Yesus, bagaimana saya bertemu Yesus, dan perbedaan yang terjadi dalam hidup saya karena berjalan bersama Yesus. Kesaksian semakin efektif jika kita membatasi waktu cukup sekitar tiga atau empat menit; kalau kita tidak bercerita soal umur saat menjadi kristen (karena umur tidak penting); dan apabila kita menggunakan bahasa yang mudah dimengerti oleh orang-orang tidak beriman.

Sesi ini berakhir dengan lomba menulis-cepat nama 40 orang tidak beriman yang dikenalnya. Hadiah diberikan kepada pemenang pertama, kedua, dan ketiga, tetapi pada dasarnya setiap orang menerima hadiah karena kita semua adalah "pemenang" apabila kita mengetahui cara-cara memberi kesaksian.

MEMUJI TUHAN

BERDOA

1. Bagaimana kita dapat mendoakan orang-orang yang hilang yang Anda tahu akan diselamatkan?

2. Bagaimana kita dapat berdoa bagi kelompok yang sedang Anda latih?

BELAJAR

Tinjauan Ulang

Apa Artinya Delapan Citra Yang Membantu Kita Mengikuti Yesus?

Berdoa

Tiga hal apa yang dilakukan orang kudus?

Bagaimana seharusnya kita berdoa?

Bagaimana Allah akan menjawab kita?

Berapa nomor telepon Allah?

Patuh

Tiga hal apa yang dilakukan pelayan?

Siapa yang memiliki kuasa paling tinggi?

Empat perintah apa yang diberikan Yesus kepada setiap orang beriman?

Bagaimana seharusnya kita patuh pada Yesus?

Empat perintah apa yang diberikan Yesus kepada setiap orang beriman?

Berjalan

Tiga hal apa yang dilakukan anak?

Dari mana asal kekuatan dalam pelayanan Yesus?

Yesus menjanjikan apa kepada orang beriman tentang Roh Kudus sebelum penyaliban?

Yesus menjanjikan apa kepada orang beriman tentang Roh Kudus sesudah kebangkitan-Nya?

Empat perintah apa yang harus dipatuhi menyangkut Roh Kudus?

Pergilah!

Tiga hal apa yang dilakukan pencari?

Bagaimana Yesus memutuskan ke mana Ia akan melayani?

Bagaimana seharusnya kita putuskan ke mana kita akan melayani?

Bagaimana kita bisa tahu kalau Allah sedang berkarya?

Di mana Yesus sedang berkarya?

Di tempat lain mana Yesus sedang berkarya?

Yesus itu Seperti Apa?

–Mat 26:53– Kaukira Aku tidak dapat minta tolong kepada Bapa-Ku, dan Ia dengan segera akan mengirim lebih dari dua belas pasukan tentara malaikat? (BIS)

✋ Seolah mengacungkan pedang.

Tiga Hal Apa yang Dilakukan Prajurit?

–Mrk 1:12-15– Segera sesudah itu Roh memimpin Dia ke padang gurun. Di padang gurun itu selama empat puluh hari Ia dicobai oleh Iblis. Ia tinggal bersama dengan binatang-binatang liar dan malaikat-malaikat melayani Dia. Sesudah Yohanes

ditangkap datanglah Yesus ke Galilea memberitakan Injil Allah. Kata-Nya, "Saatnya telah genap! Kerajaan Allah sudah dekat. Bertobatlah dan percayalah kepada Injil!" (TB)

1. _____

2. _____

3. _____

Bagaimana Orang Beriman Mengalahkan Setan?

—Why 12:11— Mereka mengalahkan dia oleh darah Anak Domba, dan oleh perkataan kesaksian mereka. Karena mereka tidak mengasihi nyawa mereka sampai harus menghadapi maut. (TB)

1. _____

    ☝Tunjuk ke telapak tangan dengan jari tengah –bahasa lambang untuk penyaliban.

2. _____

    ☝Corongkan tangan di sekitar mulut seolah sedang berbicara kepada seseorang.

3. _____

    ☝Tempelkan pergelangan tangan, seolah sedang diborgol.

Apa Artinya Garis Besar Kesaksian Yang Berpengaruh?

1. _____

    ☝Tunjuk ke sisi kiri depan Anda.

2. _____

   ✋Tunjuk tepat di tengah-depan Anda.

3. _____

   ✋Hadap ke sisi kanan dan gerakkan tangan ke atas dan ke bawah.

4. _____

   ✋Tunjuk ke pelipis Anda —seolah sedang memikirkan suatu pertanyaan.

Apa Saja Pedoman Yang Penting Untuk Diikuti?

1. _____

2. _____

3. _____

Ayat Hafalan

1Kor 15:3-4– Kabar yang saya sampaikan kepada kalian adalah kabar yang juga saya terima, bukan dari saya sendiri. Yang terpenting dari kabar itu ialah bahwa Kristus mati untuk menghapuskan dosa-dosa kita. Itu sudah ditulis di dalam Kitab Suci…

PRAKTEK

"Orang yang bersuara paling keras akan jadi pemimpin, dan pertama kali memberi kesaksian."

Garam dan Gula ➤

PENUTUP

Siapa Yang Bisa Paling Cepat Mendaftar-
kan Empat Puluh Orang Yang Hilang? ➤

9

Menabur

Menabur memperkenalkan Yesus sebagai Penabur:penabur menyemai benih, mengurus ladang mereka, dan bersukacita atas panenan besar. Yesus adalah Penabur, dan Dia tinggal di dalam kita; apabila mengikuti Dia, kita akan menjadi penabur pula. Jika kita menabur sedikit, sedikit pula panenan kita. Jika kita menabur banyak, banyak pula panenan kita.

Apa yang seharusnya kita tabur dalam kehidupan orang lain? Hanya kabar sukacita sederhana yang bisa mengubah dan membawa mereka kembali kepada keluarga Allah. Setelah kita tahu bahwa Allah sedang berkarya di dalam hidup seseorang, kita berbagi Kabar Baik dengan mereka. Kita tahu bahwa hanya kuasa Allah yang menyelamatkan mereka.

MEMUJI TUHAN

BERDOA

1. Bagaimana kita dapat mendoakan orang-orang yang hilang yang Anda tahu akan diselamatkan

2. Bagaimana kita dapat berdoa bagi kelompok yang sedang Anda latih?

BELAJAR

Tinjauan Ulang

Apa Artinya Delapan Citra Yang Membantu Kita Mengikuti Yesus?

Patuh

> *Tiga hal apa yang dilakukan pelayan?*
>
> *Siapa yang memiliki kuasa paling tinggi?*
>
> *Empat perintah apa yang diberikan Yesus kepada setiap orang beriman?*
>
> *Bagaimana seharusnya kita patuh pada Yesus?*
>
> *Empat perintah apa yang diberikan Yesus kepada setiap orang beriman?*

Berjalan

> *Tiga hal apa yang dilakukan anak?*
>
> *Dari mana sumber kekuatan dalam pelayanan Yesus?*
>
> *Yesus menjanjikan apa kepada orang beriman tentang Roh Kudus sebelum penyaliban?*
>
> *Yesus menjanjikan apa kepada orang beriman tentang Roh Kudus sesudah kebangkitan?*
>
> *Empat perintah apa yang harus dipatuhi menyangkut Roh Kudus?*

Pergilah!

> *Tiga hal apa yang dilakukan pencari?*
>
> *Bagaimana Yesus memutuskan ke mana Dia akan melayani?*
>
> *Bagaimana kita memutuskan ke mana kita akan melayani?*
>
> *Bagaimana kita bisa tahu kalau Allah sedang berkarya?*
>
> *Di mana Yesus sedang berkarya?*

Di tempat lain mana Yesus sedang berkarya?

Berbagi

Tiga hal apa yang dilakukan prajurit?

Bagaimana kita bisa mengalahkan setan?

Apa artinya garis besar kesaksian yang berpengaruh?

Apa saja pedoman penting untuk diikuti?

Yesus itu Seperti Apa?

—Mat 13:36, 37— Sesudah itu Yesus meninggalkan orang banyak itu, lalu pulang. Murid-murid-Nya datang dan berkata kepada-Nya, "Jelaskanlah kepada kami perumpamaan tentang lalang di ladang itu." Ia menjawab, "Orang yang menaburkan benih baik ialah Anak Manusia..."(TB)

✋ Menebar benih dengan tangan.

Tiga Hal Apa yang Dilakukan Penabur?

— Mrk 4:26-29— Lalu kata Yesus, "Beginilah hal Kerajaan Allah itu: Seumpama orang yang menaburkan benih di tanah. Pada malam hari ia tidur dan pada siang hari ia bangun. dan benih itu bertunas dan tumbuh, bagaimana terjadinya tidak diketahui orang itu. Bumi dengan sendirinya mengeluarkan buah, mula-mula tangkainya, lalu bulirnya, kemudian butir-butir yang penuh isinya dalam bulir itu. Apabila buah itu sudah cukup masak, orang itu segera menyabit, sebab musim menuai sudah tiba. (TB)

1. _____

2. _____

3. _____

Apa artinya Ibadat Sederhana?

–Luk 24:1-7– Pada hari Minggu, pagi-pagi sekali, wanita-wanita itu pergi ke kuburan membawa ramuan yang sudah mereka sediakan. Di kuburan, mereka mendapati batu penutupnya sudah terguling. Lalu mereka masuk ke dalam kuburan itu, tetapi tidak menemukan jenazah Tuhan Yesus di situ. Sementara mereka berdiri di situ dan bingung memikirkan hal itu, tiba-tiba dua orang dengan pakaian berkilau-kilauan berdiri dekat mereka. Mereka ketakutan sekali, lalu sujud sampai ke tanah, sementara kedua orang itu berkata kepada mereka, "Mengapa kalian mencari orang hidup di antara orang mati? Ia tidak ada di sini. Ia sudah bangkit! Ingatlah apa yang sudah dikatakan-Nya kepadamu sewaktu Ia masih di Galilea. 'Anak Manusia harus diserahkan kepada orang berdosa, lalu disalibkan, dan pada hari yang ketiga Ia akan bangkit.'"

PERTAMA...

1. _____

   ✋ Buat lingkaran besar dengan tangan.

2. _____

   ✋ Katupkan tangan.

KEDUA...

1. _____

   ✋ Angkat kepalan tangan dan seolah mau berkelahi.

2. _____

   ✋ Satukan tangan lalu buka kembali lebar-lebar.

KETIGA...

1. _____

   ✋Angkat kedua tangan di atas kepala lalu buat sebuah gerakan turun.

2. _____

   ✋Pasang jari tengah kiri ke telapak kanan, lalu sebaliknya.

3. _____

   ✋Pegang siku kanan Dengan jari tangan kiri lalu gerakkan lengan kanan ke arah belakang seolah sedang dikuburkan.

4. _____

   ✋Angkat lengan dengan tiga jari ke atas.

5. _____

   ✋ Turunkan kembali ke dua tangan dengan telapak menghadap ke luar. Lalu, angkat lengan Anda dan silangkan di depan dada.

KEEMPAT...

1. _____

   ✋Angkat kedua tangan ke atas seseorang yang kepadanya Anda percaya.

2. ______________________________

☝Telapak tangan ke arah luar menutupi wajah; kepala berpaling.

3. ______________________________

☝Tadahkan tangan.

4. ______________________________

☝Katupkan kedua tangan.

Ayat Hafalan

–Luk 8:15– Benih yang jatuh di tanah yang subur ibarat orang yang mendengar kabar itu, lalu menyimpannya di dalam hati yang baik dan jujur. Mereka bertahan sampai menghasilkan buah.

PRAKTEK

PENUTUP

Di mana Kisah Para Rasul Bab 29 Ayat 21? ➡

PETA KISAH PARA RASUL 29 – BAGIAN 3 ➡

10

Pikul Salib

Pikul Salib merupakan sesi penutupan seminar. Yesus memberi kita perintah untuk memikul Salib kita dan mengikuti-Nya setiap hari. Peta Kisah Para Rasul 29 merupakan gambaran tentang salib yang harus dipikul oleh setiap pembelajar yang telah dipanggil Yesus.

Dalam sesi terakhir ini, pembelajar menyajikan Peta Kisah Para Rasul 29 kepada kelompok. Setiap kali setelah satu penyajian, kelompoknya menumpangkan tangan pada penyaji dan Peta Kisah Para Rasul 29-nya, berdoa mohon berkat dan urapan Allah atas pelayanan mereka. Kelompok itu kemudian menantang penyaji dengan tiga kali mengulangi perintah, "Pikullah Salibmu, dan ikutilah Yesus." Pembelajar menyajikan Peta Kisah Para Rasul 29 secara bergilir hingga seluruhnya mendapat giliran. Waktu pelatihan berakhir dengan sebuah nyanyian ibadat berupa komitmen untuk menghasilkan murid-murid Yesus dan doa penutup oleh seorang pemimpin rohani yang dikenal.

MEMUJI TUHAN

BERDOA

TINJAUAN ULANG

Apa Artinya Delapan Citra Yang Membantu Kita Mengikuti Yesus?

Berlipat ganda

Tiga hal apa yang dilakukan bendahari?

Apa perintah pertama Allah kepada manusia?

Apa perintah terakhir Yesus kepada manusia?

Bagaimana caranya agar saya bisa berbuah dan berlipat ganda?

Apa nama kedua lautan yang ada di Israel?

Mengapa keduanya sangat berbeda?

Anda ingin menjadi seperti laut yang mana?

Mengasihi

Tiga hal apa yang dilakukan gembala?

Perintah apa yang paling penting untuk diajarkan kepada orang lain?

Dari mana datangnya kasih?

Apa artinya Ibadat Sederhana?

Mengapa kita harus Beribadat Sederhana?

Perlu berapa orang untuk Ibadat Sederhana?

Berdoa

Tiga hal apa yang dilakukan orang kudus?

Bagaimana seharusnya kita berdoa?

Bagaimana Allah akan menjawab kita?

Berapa nomor telepon Allah?

Patuh

Tiga hal apa yang dilakukan pelayan?

Siapa yang memiliki kuasa paling tinggi?

Empat perintah apa yang diberikan Yesus kepada setiap orang beriman?

Bagaimana seharusnya kita patuh pada Yesus?

Empat perintah apa yang diberikan Yesus kepada setiap orang beriman?

Berjalan

Tiga hal apa yang dilakukan anak?

Dari mana asal kekuatan dalam pelayanan Yesus?

Yesus menjanjikan apa kepada orang beriman tentang Roh Kudus sebelum penyaliban?

Yesus menjanjikan apa kepada orang beriman tentang Roh Kudus sesudah kebangkitan-Nya?

Empat perintah apa yang harus dipatuhi menyangkut Roh Kudus?

Pergilah!

Tiga hal apa yang dilakukan pencari?

Bagaimana Yesus memutuskan ke mana Dia akan melayani?

Bagaimana seharusnya kita putuskan ke mana kita akan melayani?

Bagaimana kita bisa tahu kalau Allah sedang berkarya?

Di mana Yesus sedang berkarya?

Di tempat lain mana Yesus sedang berkarya?

Berbagi

Tiga hal apa yang dilakukan gembala?

Bagaimana kita bisa mengalahkan setan?

Apa artinya garis besar kesaksian yang berpengaruh?

Apa saja pedoman penting untuk diikuti?

Menabur

Tiga hal apa yang dilakukan penabur?

Apa artinya Injil sederhana yang kita beritakan?

BELAJAR

Apa Yang Diperintahkan Yesus Kepada Pengikut-Nya Untuk Dilakukan Setiap Hari?

–Luk 9:23– Kemudian Yesus berkata kepada semua orang yang ada di situ: "Orang yang mau mengikuti Aku, harus melupakan kepentingannya sendiri, memikul salibnya tiap-tiap hari, dan terus mengikuti Aku."

_____

Empat Suara Apa Yang Memanggil Kita Untuk Pikul Salib Kita?

– Mrk 16:15– Ia berkata kepada mereka, "Pergilah ke seluruh dunia, beritakanlah Injil kepada segala makhluk. (TB)

1. _____

   ✋ Unjuk jari ke arah atas langit.

—Luk 16:27-28– Kata orang itu: Kalau demikian, aku minta kepadamu, Bapak, supaya engkau menyuruh dia ke rumah ayahku, sebab masih ada lima orang saudaraku, supaya ia memperingati mereka dengan sungguh-sungguh, agar mereka jangan masuk kelak ke dalam tempat penderitaan ini." (TB)

2. _____

   ✋ Unjuk jari ke bawah, ke bumi.

—1Kor 9:16– Karena jika aku memberitakan Injil, aku tidak mempunyai alasan untuk memegahkan diri. Sebab itu adalah keharusan bagiku. Celakalah aku jika aku tidak memberitakan injil!

3. _____

   ✋ Unjuk jari ke arah hatimu.

—Kis 16:9– Pada malam harinya tampaklah oleh Paulus suatu penglihatan: Ada seorang Makedonia berdiri di situ dan memohon kepadanya, "Menyeberanglah kemari dan tolonglah kami!" (TB)

4. _____

   ✋ Tadahkan tangan ke arah kelompok dan buat gerakan "datanglah ke mari".

PRESENTASI

PETA KISAH PARA RASUL 29 ➤

Pelatihan Para Pelatih

Bagian ini memperinci bagaimana melatih para pelatih dengan cara yang bisa-direproduksi. Pertama, kami akan berbagi bersama Anda hasil-hasil yang bisa diharapkan secara masuk akal setelah Anda melatih orang lain menggunakan materi *Membentuk Murid-Murid Radikal*. Lalu, kami akan memperinci proses pelatihan, yang meliputi 1) ibadat, 2) doa, 3) belajar, dan 4) praktek, berdasarkan perintah yang paling penting. Akhirnya, kami berbagi beberapa prinsip kunci untuk melatih para pelatih yang telah kami temukan sewaktu melatih ribuan pelatih.

HASIL-HASIL YANG DIHARAPKAN

Setelah menyelesaikan materi *Membentuk Murid-Murid Radikal*, pembelajar akan mampu untuk:

- Mengajarkan 10 pelajaran pemuridan dasar kepada orang lain berdasarkan Kristus, dengan menggunakan proses pelatihan yang bisa-direproduksi.

- Mengingat kembali dengan jelas delapan citra yang menggambarkan seorang pengikut Yesus.

- Memimpin sebuah ibadat kelompok-kecil dan sederhana, berdasarkan perintah yang paling penting.

- Memberikan kesaksian penuh kuasa dan memberitakan injil dengan penuh keyakinan.

- Mengemukakan suatu misi konkrit untuk menjangkau orang beriman yang tersesat dan melatih mereka menggunakan Peta Kisah Para Rasul 29.

- Merintis sebuah kelompok murid (beberapa di antaranya akan menjadi gereja-gereja) dan melatih orang lain melakukan hal yang sama.

PROSES

Tiap sesi menggunakan format yang sama. Di bawah ini tercantum urutan dan perkiraan jadwal:

MEMUJI TUHAN

- 10 menit

- Mintalah seseorang membuka sesi ini, memohon berkat dan bimbingan Allah bagi setiap orang di dalam kelompok. Daftarkan seseorang di dalam kelompok untuk memimpin lagu koor atau madah pujian (bergantung pada situasi Anda); alat musik bersifat opsional.

BERDOA

- 10 menit

- Upayakan agar pembelajar berpasangan dengan seseorang yang belum pernah menjadi pasangannya. Tiap pasangan saling berbagi jawaban atas dua pertanyaan:

    1. Bagaimana kita dapat mendoakan orang-orang yang hilang yang Anda tahu akan diselamatkan?

    2. Bagaimana kita dapat berdoa bagi kelompok yang sedang Anda latih?

- Jika seorang pembelajar belum memulai sebuah kelompok, pasangannya hendaknya bekerja sama dengannya untuk membuat daftar teman dan anggota keluarga yang mungkin dapat dilatih, lalu berdoa bersama pembelajar itu bagi mereka yang tercantum dalam daftar.

BELAJAR

Sistem *Pelatihan Mengikuti Yesus* menggunakan proses berikut: *Memuji Tuhan, Berdoa, Belajar, dan Praktek*. Proses ini berdasarkan model Ibadat Sederhana yang dijelaskan pada awal halaman 33. Untuk 10 pelajaran dalam buku petunjuk PMY, sesi 'Belajar' dijelaskan di bawah ini.

- 30 menit

- Tiap bagian "Belajar" mulai dengan "Tinjauan Ulang". Ini merupakan kajian ulang terhadap delapan citra Kristus dan pelajaran yang sudah dikuasai sejauh ini. Pada akhir pelatihan, pembelajar akan mampu menghafal seluruh materi pelatihan.

- Setelah "Tinjauan Ulang", pelatih atau asisten melatih pembelajar dengan pelajaran saat ini, dan menekankan bahwa pembelajar harus mendengarkan sungguh-sungguh karena kemudian mereka akan melatih satu sama lain.

- Ketika menyajikan pelajaran, pelatih hendaknya menggunakan urutan berikut:

    1. Mengajukan pertanyaan.

    2. Membaca ayat Alkitab.

    3. Mendorong pembelajar menjawab pertanyaan.

Proses ini menempatkan firman Tuhan sebagai autoritas hidup, bukan gurunya. Terlalu sering, guru bertanya, sendiri memberi jawaban, lalu mendukung jawabannya dengan Alkitab. Urutan seperti ini menempatkan guru sebagai sumber autoritas, alih-alih firman Tuhan.

- Jika pembelajar salah menjawab pertanyaan, jangan dibetulkan, tetapi mintalah untuk membaca ayat Alkitab dengan lantang dan menjawab ulang.

- Tiap pelajaran berakhir dengan ayat hafalan. Pelatih dan peserta latih berdiri berdampingan lalu mengucapkan ayat hafalan sebanyak 10 kali; pertama menyebutkan ayat, lalu isinya. Pembelajar boleh membaca ayat hafalan dari Kitab Suci atau buku panduan sebanyak enam kali pertama. Namun, untuk empat kali terakhir, kelompok ini mengucapkan ayat hafalan di luar kepala. Seluruh kelompok mengucapkan ayat hafalan sepuluh kali lalu duduk.

PRAKTEK

- 30 menit

- Sebelumnya, pelatih sudah menentukan pembelajar untuk segmen "Berdoa" Pasangan doa sekaligus sebagai pasangan praktek.

- Tiap pelajaran memiliki metoda untuk memilih siapa yang akan menjadi "pemimpin" pasangan itu. Pemimpin adalah orang yang akan mengajar lebih dahulu. Pelatih mengumumkan metoda pemilihan pemimpin pasangan kepada kelompok.

- Dengan meniru pelatih, si pemimpin melatih pasangannya. Perioda pelatihan harus mencakup tinjauan ulang dan pelajaran baru, dan diakhiri dengan ayat hafalan. Pembelajar berdiri untuk mengucapkan "Ayat Hafalan" lalu kembali duduk jika selesai, sehingga pelatih bisa melihat pembelajar mana yang sudah selesai.

- Apabila orang pertama di dalam suatu pasangan selesai, orang kedua mengulangi proses itu lagi, sehingga mereka bisa mempraktekkan pelatihan yang sama. Pastikan bahwa pasangan ini tidak meloncati atau mengambil jalan pintas dalam prosesnya.

- Kelilingi ruangan ketika mereka sedang praktek untuk memastikan mereka meniru Anda dengan tepat. Gagal melakukan isyarat tangan merupakan kelemahan besar yakni mereka tidak meniru

Anda. Tegaskan secara berulang bahwa mereka harus meniru gaya Anda.

- Mintalah mereka mencari pasangan baru lalu latih lagi secara bergantian.

PENUTUP

- 20 menit

- Sebagian besar sesi berakhir dengan penerapan praktis kegiatan belajar. Berikan banyak waktu kepada pembelajar untuk mengerjakan tugas Peta Kisah Para Rasul 29, dan semangati mereka untuk mengitari ruangan dan mendapat gagasan dari orang lain yang sedang mengerjakan peta.

- Buat pengumuman seperlunya, lalu mintalah seseorang memohon berkat untuk sesi itu. Mintalah seseorang yang belum pernah berdoa sebelumnya untuk berdoa – pada akhir pelatihan, setiap orang harus menutup sesi dengan doa, paling kurang satu kali.

Ibadat Sederhana

Ibadat Sederhana merupakan unsur penting dalam Pelatihan Mengikuti Yesus –salah satu keterampilan kunci dalam pemuridan. Berdasarkan Perintah Teragung, Ibadat Sederhana mengajarkan tentang bagaimana mematuhi perintah untuk mengasihi Allah dengan sepenuh hati, dengan segenap jiwa, dengan segenap akal budi, dan dengan seluruh kekuatan mereka.

Kita mengasihi Allah dengan sepenuh hati, sehingga kita memadahkan pujian bagi Dia. Kita mengasihi Allah dengan segenap jiwa, sehingga kita berdoa kepada-Nya. Kita mengasi Allah dengan segenap akal budi, sehingga kita belajar Kitab Suci. Akhirnya, kita mengasihi Allah dengan seluruh kekuatan kita, sehingga kita mempraktekkan apa yang sudah dipelajari dengan berbagi kepada orang lain.

Tuhan memberkati kelompok-kelompok kecil di seluruh Asia Tenggara yang menyadari bahwa mereka bisa melakukan Ibadat Sederhana di mana pun –di rumah, restoran, tempat parkir, Sekolah Minggu, bahkan di Pagoda!

Jadwal

- Sebuah kelompok-empat orang biasanya butuh waktu sekitar dua puluh menit untuk menyelesaikan Ibadat Sederhana.

- Dalam situasi seminar, kita lakukan Ibadat Sederhana pada awal hari kegiatan dan/atau sesudah makan siang.

- Ketika pertama kali Anda memimpin Ibadat Sederhana, jadikan itu sebagai teladan bagi kelompok; jelaskan tentang cara melakukan tiap-tiap bagian.

- Setelah mencontohkan Ibadat Sederhana, mintalah tiap orang dalam pelatihan untuk memilih seorang pasangan. Biasanya, pembelajar memilih teman. Apabila setiap orang sudah mendapat pasangan, mintalah tiap pasangan untuk bergabung dengan pasangan lain –terbentuk empat orang per kelompok.

- Mintalah kelompok-kelompok ini "menamakan" kelompoknya, dengan memberi waktu beberapa menit; lalu kelilingi ruangan dan tanyakan nama tiap kelompok. Usahakan untuk mengacu pada nama tiap kelompok sepanjang sisa waktu pelatihan.

- Dalam format mingguan, kami suka mengajari orang pertama-tama tentang Ibadat Sederhana. Kami mengadakan kunjungan ulang dan mempraktekkannya selama dua sesi berikut.

Proses

- Bagi peserta ke dalam kelompok-empat orang.

- Peran tiap orang berbeda dalam Ibadat Sederhana.

- Tiap kali Anda mempraktekkan Ibadat Sederhana, pembelajar menggilir peran tertentu dalam Ibadat Sederhana yang mereka pimpin, sehingga pada akhir pelatihan mereka telah melakukan tiap bagian sedikitnya dua kali.

MEMUJI TUHAN

- Satu orang memimpin kelompok dalam menyanyikan dua lagu koor atau madah pujian (tergantung situasi Anda).

- Alat musik tidak perlu.

- Dalam sesi pelatihan, mintalah pembelajar menyusun kursi seolah sedang duduk bersama di meja kafe.

- Setiap kelompok akan menyanyikan lagu yang berbeda dan bagus.

- Jelaskan kepada kelompok bahwa inilah saatnya memuji Tuhan dengan sepenuh hati sebagai kelompok, bukan untuk menilai kelompok mana yang mampu bernyanyi paling nyaring.

Berdoa

- Seorang *lain* (bukan si pemimpin pujian) memimpin kelompok untuk berdoa.

- Pemimpin doa meminta tiap anggota kelompok agar menuliskan doa-doa permohonan mereka.

- Pemimpin doa bertanggung jawab mendoakan tiap ujud tertulis ini hingga kelompok itu bertemu kembali pada sesi selanjutnya.

- Setelah tiap orang menyampaikan doanya, pemimpin doa mendoakan kelompok.

Belajar

- Seorang *lain* di dalam kelompok-empat orang memimpin sesi belajar kelompok.

- Pemimpin belajar mengisahkan cerita dari Alkitab dalam kata-katanya sendiri; kami sarankan cerita dari Injil, setidaknya pada permulaan pelatihan.

- Bergantung pada kelompok, Anda bisa meminta pemimpin belajar untuk lebih dahulu membacakan kisah Alkitab lalu menceritakannya dalam kata-kata sendiri.

- Setelah pemimpin belajar mengisahkan cerita Alkitab, mereka menanyakan tiga pertanyaan ini kepada kelompok:

    1. Cerita ini mengajarkan apa tentang Allah?

    2. Cerita ini mengajarkan apa tentang manusia?

3. Belajar dari cerita ini, apa yang akan membantu saya mengikuti Yesus?

- Kelompok membahas tiap pertanyaan bersama-sama, sampai pemimpin belajar menganggap tidak ada yang perlu dibahas lagi; lalu pemimpin belajar melanjutkan ke pertanyaan berikutnya.

Praktek

- Seorang *lain* di dalam kelompok-empat memimpin sesi belajar kelompok.

- Pemimpin praktek membantu kelompok meninjau ulang pelajaran dan memastikan bahwa setiap orang memahami pelajaran dan dapat mengajarkannya kepada orang lain.

- Pemimpin praktek menceritakan kisah yang sama dari Alkitab seperti yang dikisahkan oleh pemimpin belajar.

- Pemimpin kelompok-praktek mengajukan pertanyaan yang sama seperti pertanyaan pemimpin kelompok-belajar dan kembali membahas tiap pertanyaan.

Penutup

- Kelompok Ibadat Sederhana mengakhiri waktu ibadat dengan memadahkan lagu pujian lainnya, atau mengucapkan Doa Tuhan bersama-sama.

Studi Lebih Lanjut

Bandingkan sumber-sumber berikut ini untuk mendapatkan pembahasan yang lebih mendalam tentang topik yang disajikan. Di daerah-daerah misi yang baru, sanarai buku di bawah ini bagus juga jika diterjemahkan lebih dahulu selain Kitab Suci.

Billheimer, Paul (1975). *Destined for the Throne.* Christian Literature Crusade.

Blackaby, Henry T. and King, Claude V (1990). *Experiencing God: Knowing and Doing the Will of God.* Lifeway Press.

Bright, Bill (1971). *How to Be Filled with the Holy Spirit.* Campus Crusade for Christ.

Carlton, R. Bruce (2003). *Acts 29: Practical Training in Facilitating Church-Planting Movements among the Neglected Harvest Fields.* Kairos Press.

Chen, John. *Training For Trainers (T4T).* Unpublished, no date.

Graham, Billy (1978). *The Holy Spirit: Activating God's Power in Your Life.* W Publishing Group.

Hodges, Herb (2001). *Tally Ho the Fox! The Foundation for Building World-Visionary, World Impacting, Reproducing Disciples.* Spiritual Life Ministries.Hybels, Bill (1988). *Too Busy Not to Pray.* Intervarsity Press.

Murray, Andrew (2007). *With Christ in the School of Prayer.* Diggory Press.

Ogden, Greg (2003). *Transforming Discipleship: Making Disciples a Few at a Time.* InterVarsity Press.

Packer, J. I (1993). *Knowing God.* Intervarsity Press.

Patterson, George and Scoggins, Richard (1994). *Church Multiplication Guide.* William Carey Library.

Piper, John (2006). *What Jesus Demands from the World.* Crossway Books.

www.ingramcontent.com/pod-product-compliance
Lightning Source LLC
Chambersburg PA
CBHW060704030426
42337CB00017B/2767